I0172850

www.ingramcontent.com/pod-product-compliance
Lightning Source LLC
Chambersburg PA
CBHW032053040426
42449CB00007B/1100

*9 7 8 1 9 9 0 1 5 7 2 6 4 *

|انتشارات انار|

حرف‌هایی که نمی‌شود گفت

نوید جامعی

از شاعرانه‌گی‌های ایران - ۵

راهی بزن که آهی بر ساز آن توان زد   شعری بخوان که با آن رطل گران توان زد

حرف‌هایی که نمی‌شود گفت

از شاعرانه‌گی‌های ایران - ۵

شراینده: نوید جامعی

دبیر بخش «از شاعرانه‌گی‌های ایران»: فریاد شیری

مدیر هنری و طراح گرافیک: عبدالرضا طبیبیان

چاپ اول:زمستان ۱۴۰۰، مونترال، کانادا

شابک:۴-۲۶-۹۹۰۱۵۷-۱-۹۷۸

مشخصات ظاهری کتاب: ۶۸ برگ

قیمت: ۷٫۵ £ - ۸٫۵ € - ۱۳ CAD $ - ۱۰ US $

[انتشارات انار]

نشانی: 746A , Plymouth Av., Montreal , QC, Canada

کدپستی: H4P 1B1

ایمیل: pomegranatepublication@gmail.com

اینستاگرام: pomegranatepublication

این مجموعه، با انگیزه و امیدی که دوست ارجمندم آقای علیرضا درویش در من ایجاد کرد رهسپار نشر گردید. همواره از ایشان سپاسگزار خواهم بود. همچنین حمایت‌ها و مهر جناب عبدالرضا طبیبیان مدیر مسئول ارجمند نشر محترم انار در این مسیر مؤثر و از حضور و شکیبایی ایشان نیز سپاسگزارم. در میان این اشعار، یک شعر به مادرم بخاطر مهر و عطوفتی که به همه جانداران دارد تقدیم شده و دو شعر نیز به دو استاد بزرگ که همواره برای من افق روشن امید بوده‌اند، دکتر محمد ضیمران و دکتر سید محمود الهام‌بخش.

شعر مانند زندگی، برنگاشت‌های درونی انسان را در گستره‌ی حیات حسی او ثبت می‌کند. آن‌چه از نیروی عاطفی او سرازیر می‌گردد، دوامی ابدی دارد.

نوید جامعی

فهرست اشعار

۱

می‌توانست
پدرم کودکی پنج‌ساله بوده باشد
تا در هراس یک ظهر بارانی شاید
در کوچه‌های خیس
تشییع شود پیکر کوچک‌اش
در بارانی که هفته‌هاست می‌بارد
و حُضار از قرار سه نفر
دایه، دعا خوان و گورکن.
و بارانی که هفته‌هاست می‌بارد
و شیون‌های زنی را می‌پراکند

که شاید
مادرش بوده باشد.
می‌توانست
کودکی پنج‌ساله
خاطرخواه چشمان مادرم شود
تا تب سرخک یا طاعون
خاطرخواهی را از یادش ببرد
و من
نیایم از بودن هیچگاه نبوده‌ام.
می‌توانست نَفَس‌های پدرم
حبس نشود در سینه‌ی مادرم
با لحن مدامِ آن سال‌ها:
«هموطنان عزیز توجه فرمایید، حمله هوایی آغاز شده است».
می‌توانست
بغضی در گلویم بترکد
از خیال دامادی پدرم
به صرف چای و شیرینی
و کوتاه‌تر شود
آن شب شهریوری
با صدای ناله‌ی اسبی
که بی‌گریز
پیکر کودک پنج‌ساله را
با تازیانه‌های درشکه‌چی
حمل می‌کند.
می‌توانست روی سنگش ننویسد

روزگار
تا با گریه‌های مادرش
که هفته‌هاست می‌بارد...
گِل‌های مزارش
جای پای سه نفر حک شود در آن،
دایه‌اش، دعا خوان و گورکن.
می‌توانست نباشد
بار سنگین حضور من
بر دوش‌های او
تا کودکیِ نبوده‌ام
خلاصه شود در فرفره و آرزوی جامدادی دکمه‌دار.
می‌توانست دَم نکند
شیشه‌ها
در شرم علاءالدین و کرسی خانه مادربزرگ
تا سایه‌ی ماه
بتابد بر عکس پنج‌سالگی مادرم
روی طاقچه.
تا بهار که بیاید
ابرها کِز می‌کنند در بوی سرد آسمان
و درختان عور حیاط
عصرهای تابستان را
خوش‌طعم‌تر می‌کنند
در خیال دوچرخه‌ام
که بر دوش‌های اوست.
می‌توانست نباشد چهلم پدر

هیچگاه
تا پنج‌سالگی‌اش تشییع شود
در عصر بارانی یک روز پاییزی
که هفته‌هاست می‌بارد.
می‌توانست صورت چروک مردی ثروتمند
خاطرخواه کودکی مادرم شود
تا من نیایم به این زودی‌ها
با چهره‌ی اکنونم
و شرم سلام‌هایم
بر بستر دردناک پدر.
می‌توانست نباشد سرطان
در واژگان لغت.
تا من ظهرهای پاییز را
گریه کنم
وقتی که تنها مانده‌ام
جلوی مدرسه.
می‌توانست
کف پاهایم گم نشود
میان کاشی‌های بیمارستان
در درد انتظار بی‌جانیِ پدر.
می‌توانست نباشد پدر
در خیال من و من
در پنج‌سالگی کفش‌های کاغذی‌اش.
می‌توانست تحمل کند روزگار
بار چهل و شش کیلو وزنش را

بر شانه‌های بخیل خود
و مُهر «باطل شد» نزند
بر هویت پنجاه و چهار ساله پدر.
می‌توانست ...

آبان ۸۴

۲

نسیم
بر عریان درختان خجل
دست می‌کشد
تا اولین شکوفه
نشانی باشد
از سرخ گونه‌های تو
و نگاه من
سایبانی بر
شرم حضور تو.
مهربانی آغاز می‌شود

پشت پنجره باران خورده.
اراده‌ای در کار نیست
تا خودداری عبوس
رشته کند پنبه‌های نازک احساس را.
مرگ نیست
تا سر و کله‌اش پیدا شود
و از لابه‌لای گلبن‌ها
مگس‌وار دست‌هایش را
بهم بساید.
شکوه
از کنار باغچه
سرک می‌کشد
و نفس‌هایم دستم را رو می‌کنند.
خورشید،
کنار ابر پنهان می‌شود
تا همه خیال کنند
کم‌کم غروب می‌شود.
کاج بلند
دست به کمر ایستاده
تا کمی بیارامند
جوجه کلاغ‌های شلوغ.
صدا
پاورچین می‌آید
مباد دمی دور شوند
پلک‌های‌ات

از پلک‌هایم .
فردا،
صبر می‌کند
تا خوب سیر شوند چشم‌هایم .
فرصتی نیست
بوسه‌ها یکی از پی هم
...فرصتی نیست
یک‌صدایی ما را
فرصتی نیست .

اسفند ۸۸

۳

چه بسیار مردانی
که نگفته‌اند
نتوانسته بودند بگویند
«دوستت دارم»
با درخشش مروارید در شرم چشم‌شان
با شوقی همانند گام نهادن
بر قله‌ای در دوردست.
سپیدی صبح که فراز آید
بی‌همتاترین هنگام‌ها
می‌توانست رقم بخورد.

حالا سری بی‌خیال
روی سینه‌ای آرام گرفته است.
شکلی دوباره از وجود
که حتی می‌توانی از فرط شوق
بی‌هیچ شرمی
با دیگران مرورش کنی.
آغوشی که پس از تلاطم‌های بسیار،
آرام می‌گیرد چون بلمی
بر پهنای دریاچه‌ای آرام.
نتوانستند بگویند
مردانی که با هر طلوع
زمزمه می‌کنند
آهنگ‌های از یاد رفته را.
عطری خوش
یاد کدام «دوستت دارمِ» نگفته را
زنده می‌کند
در پیچ در پیچِ
گاهی گم و تاریک ذهن‌شان
مردانی که نگفته‌اند
هیچ‌گاه نتوانسته بودند که بگویند.

آذر ۸۸

۴

پشت تاریک خیالم چشمی
بر می‌انگیزدم از هیچ پی هیچ
شاید این شوق کشاند
صبح روشن پس تار شب من پیش.
آخرین لحظه باران
می‌نشیند گل خورشید به دشت
شاید این فرش سپرغم
اندکی ساید از اندوه و پریشانی من بیش.
بس که با هر نفس تنگ غروب
راه هر روز تو را پاییدم،

تا سحر در خم کوچه

پای افتاده به پیمودن راه است به نیش.

در سرم یاد تو هر لحظه گرامی‌تر از آن لحظه قبل

باورت نیست که من

خود پریشان و گریزان شدم از لحظه خویش.

دی‌ماه ۹۱

۵

تو را می‌شناسم
از میان همهمه پیاده‌رو
پچ‌پچ‌های اطرافت خاکستری‌اند
تو اما با حاشیه سرخ‌دوز بالاپوش‌ات
پاییز جاده‌هایی میان ترانه رود.
می‌شناسمت
در این دنیایی که شبهایش سخت‌تر است
تنگ‌تر است.
نگفتی مسیر رویای کودک خیابان را
کدام باران تند شسته بود؟

روزهای عطش که آمدند
از آن پس آب دیگر گوارا نیست.
برای فرزندان خود نام‌های نیک انتخاب کنید:
«عمر سعد»
متفقین که آمدند
پول نفتش را نداشت مادربزرگم
آن کودک خیابان پدربزرگم بود.
برای فرزندان خود نام‌های نیک انتخاب کنید:
«هیتلر»
بر حماقت بچه‌های محله پایینی
شرط خوبی بست جاسوس انگلیس
حقوق یک‌سالش را.
تو را می‌شناسم
در میان جمعیتی که همیشه می‌نالند
همیشه می‌خوابند.
می‌دانی؟
بخاطر ترس ملکه معظم بریتانیا
چند دانشجوی سبیلوی ما عمرشان را داده‌اند به شما؟
عمرش دراز شد ملکه معظم از پول نفت ما.
محله دیروز ما
یک حمام داشت یک مسجد
یک کافه هم داشت
آب لوله‌کشی اما نه.
ژست سیگار با بندینک شلوار
سرودهای فرانسوی می‌خواند جعفر

شاگرد میوه‌فروش.

مردی به خواهر دوستم کمک کرده بود

در اتوبوس.

چه خوب بودند مردم

بی‌ریا بودند مردم

بی‌نماز بودند مردم

با خدا بودند مردم.

می‌شناسمت

از میان جمعیتی که می‌آیند

می روند

نگاه می‌کنند

به عبث نگاه می‌کنند

غزل نگاهت را فقط من خواندم.

نگفته بودی خیال تابستان گاهی

از شکاف چشمهای‌ات یواشکی آب می‌خورد.

تو را می‌شناسم

از میان همهمه

«هموطنان عزیز توجه فرمایید. حمله هوایی آغاز شده است.»

برای فرزندان خود نام‌های نیک انتخاب کنید:

«صدام»

تو را می‌شناسم

به درستی تصاویر جامانده از کودکی‌ام

در حیاط خانه مادربزرگ.

هنوز شهید می‌آورند می‌بینی؟

آنقدر شهید داریم

که نام کوچه‌های جهان را بس می‌شود.
کدام چشمه اینقدر آب دارد از اشک چشمهای‌ات؟
هنوز در اسارت بود بابای علی
بنکدار محله هوس چشم‌های مادرش را
در بار برنج نذر امسال می‌پیچید.
صراط المستقیم را مادربزرگ یادم داد
گم نمی‌شدم هیچگاه از مسیر خانه خاله پیرزن
وقتی که برایش آش می‌بردم.
یاد گرفتم بوی عطر آدم‌ها
از درون باید بجوشد.
ویرانه‌ها
یادها
مادرها مادرها مادرها.
شب‌های جمعه بوی گلاب
مادرها
صدای کِل عروسی دختر همسایه
مادرها.
کدام کوچه نگاه نگران‌ات را به من رساند؛
قریه‌ای در بین‌النهرین تا محله مادربزرگم؟
برای فرزندان خود نام‌های نیک انتخاب کنید:
«بوش پسر»
پسر کوچولویی که همبازی‌ام بود
با پای شکسته
با شکم گرسنه
در مرز آواره است.

کوچه پر از حرف است
کاش کسی اذان بگوید
بی‌بلندگو بگوید.
می‌دانی؟
پسرکوچولویی که هم‌بازی‌ام بود
کراک می‌کشد و
رنگ دوچرخه‌اش هنوز آبی‌ست.
ما همان کسانیم که در عکس‌های مدرسه
همیشه نفر پشتی هستیم.
عرصه تنگ‌تر می‌شود هر روز
مثل ماهی‌های یک مرداب
هوای یکدیگر را هُرت می‌کشیم برای بیشتر ماندن
زمین‌خواری که مرداب را خشک می‌خواهد نمی‌شناسیم
ندیدیمش
نمی‌توانیم ببینیمش.
کشاورزان بیرجندی
آوازهای مزرعه را در دود هوای پایتخت
با نغمه «سیدخندان دو نفر»
تمرین می‌کنند.
سرد شد هوا
از طراوت باران بهانه‌اش ماند برای ما:
ببخشید خانم مسیرتان کدام طرف است؟
آزادی
چه خوب آنجا بهتر است.
کودکستان چه جای خوبی‌ست

کودک بریتانیایی می‌داند
هزینه‌اش را اما
کودکان خاورمیانه می‌پردازند.
آفتاب
از پنجره چندمین طبقه یک هتل در میامی
تا لابه‌لای بطری‌های مخلوط با سرنگ آغشته به ایدز در خیابان‌های کامبوج
با تاریکی ده کوره‌های حاشیه تهران
چقدر فاصله دارد؟
پای برهنه کودکان سوریه در مرز
با کودکستان‌های بریتانیا
چقدر فاصله دارد؟
تو چقدر از من دوری
به اندازه زخم‌های دل مردم افغانستان
یا بوی عطر مردان بریتانیایی؟

اسفند ۹۳

۶

نور خواهم شد
بر ماه
تا بر آن حوض که هر شب
پا به عریانی پر کیف در آن اندازی
چشم تا خیره هر دور شده خاطره از نو سازی
لرز دستان منت یاد آید
آن همه محنت و افسردگی‌ام وقت وداع
در نظرگاه تو بر باد آید
چون که آغوش خنک
بی‌رمق پای تو در بر گیرد،

شور هر بوسه که در شرم رخم پنهان بود

فکر آن،

یاد مرا در سرت از سر گیرد

سایه خواهم شد

در شب

تا بر آشوب رخ‌ات کز خم گیسوی سیاه‌ات پیداست

خانه‌ای برسازم

بوسه سرد تو را بر شفق گونه بارانی خود

عکس آن بوسه تو با نفس گریه شب تر سازم

قاب می‌گیرم از این ظلمت شب تصویری

تا بر اندیشه جز این

کوک ناکرده ز بر ناله‌ای از نو سازم.

سرد بر هر سحر از شب که چراغ

سوی خود در نفس روشن صبح می‌دزدد

با خودم می‌گویم

باز هم صبح دگر شد نرود باور او از یادم.

اردیبهشت ۹۲

۷

(به دکتر محمد ضیمران)

حرفهایی که نمیشود گفت
چون جامانده قطره بارانی
که از بلندای نیمبریده ناودان
بر سرت مینشیند و تو
در خود فرو میروی.
آن زمان که غنچهای را
سخت میپایی،
باد و باران
هیچ گزندی نمیتوانند بر او رساند
در خیال تو.

گلدان خالی اما
چون قطره‌های آب
بر صورت تب‌دار دیوانه‌ای
خواب نصفه نیمه را
می‌پراکند.
غنچه را از آغاز
میل رفتن بود
با بادها و تگرگ‌ها
حرف‌هایی که نمی‌شود گفت...

اردیبهشت ۹۲

۸

سرما
در بالاپوش زنی بود
که سیمای تو را داشت.
بهار در دسته گلی بود
که به عابری هدیه داد.
عابر
خسته،
گریزان از رنگ‌ها
به چشم‌های خیس من پناه آورد
پاییز شد انگار.

۹
(به دکتر سید محمود الهام‌بخش)

بال می‌کوبد
مرغ دریایی
بر چه این‌سان
سینه می‌ساید
بر ستبر سینه دریا
از چه رو این‌گونه اندُهناک
مرغ دریایی
بر افق این‌گونه خامُش
بال می‌بندد
می‌گشاید بال.

از چه رو این‌گونه حسرت‌ناک
جفت خود را می‌کند دنبال
مرغ دریایی
بر شفق این‌گونه اندُهناک
می‌گشاید بال.

فروردین ۹۵

۱۰

نمی‌خواهم هرگز
از خوابی که تو در آنی
بیدار شوم.
حتی با آوایی
اگر ناباورانه خیال کنم
نام مرا می‌خوانی.

۱۱
(به س. ب و ا.ر.م.ص)

(۱)
گود قدم‌ها
در حیاط تنها
چشم‌بندی از ساتن

(۲)
صفیر اشک
کنار پوتین فرومانده در برف
هم‌بازی کودکی‌اش را
به تیرک روبه‌رو بسته‌اند.

(۳)
قوز کبوتر
بر شاخه عریان
فردای یادبودی
که برگزار نشد.

(۴)
انکار حضور تو
انکار گرمای آفتاب است
که در ظهر پاییز
بر قالیچه کهنه پشت پنجره ایوان
می‌تابد.

۱۲

کاش می‌دانستی
تمام این سال‌ها
رویاهایی بافته‌ام
که تن کس دیگری نمی‌رود.

۱۳

روزهای تلخ
بی‌آنکه خود بدانند،
قرار پاییزی یک عصر جمعه را
بی‌حضور تو رقم زده‌اند.
«دوستت دارم»،
بالاپوش دست‌دوزی بود
که تنها به تن نازک تو می‌آمد.

۱۴

ناگزیر از بادی بی‌هنگام
برگی سبز،
در میانه شهریور
فرود می‌آید.
چه کند اگر چشمان تو
فرود بی‌تقصیر محبت
که بر زمین سرد وجودم
آرام و بی‌صدا
نشسته باشد.
چه کند اگر گذر زمان

گام‌های عابری باشد
که تن نازک برگ را
ذره ذره می‌شکند.
چه کند اگر زوال زمان
چشمان تو را
به‌مانند همان برگ
از تنه جداکرده باشد.

۱۵

تقصیر خودش بود پاییز
نمی‌دانست لمس تن شهریور
آبرو برایش نمی‌گذارد.

۱۶

امروز
پنجشنبه‌ترین پنجشنبه من است.
نگفته بودی سفید این‌قدر
به تو می‌آید
که خنده هم بلدی.
با دست چپ
دامن لباس را گرفته‌ای
با دست راست،
دسته گلی که من باید به آب می‌دادم.
صبر کن

صبر کن
صدای خنده‌ات
کوچه را گرفت
همه فهمیدند من نتوانستم.
هر شب کابوس می‌بینم
تکالیفم را ننوشته‌ام
امشب کابوس می‌بینم
تو را که بارها خواستم بنویسم
دیگر نمی‌نویسم.

۱۷

(به مادرم)

جاده با هر نَفَس‌اش تنگ
خواب خوش می‌بیند
شب سرک می‌کشد از تاول برجسته دشت
مانده با پای به خون خفته کجا پنهاند
توله‌اش، سگ.
چون لحاف از سر شب برخیزد
چشم نابسته به بی‌جان جسد سگ
توله‌اش.
جاده با هر نَفَس‌اش تنگ
خواب خوش می‌بیند.

۱۸

هر حضور آفتاب
ادای وظیفه‌ای پوچ است
از لابه‌لای آجرهای تکیده
یک در میان و بی‌دلیل.
و انتهای شب
بی‌هیچ فرجامی،
چنان که عدالت
چون کاشتن گلی در شوره‌زار.
پیکرها با فرود نازک‌شان
بر تقلای مضحک خاک

سرود سربلندی می‌خوانند.
ویرانه اما
سِر شدگیِ تاریخِ سرافکندگی‌ست
بر کالبدی که نای مردن ندارد.
تابش ماه
بر نیمه‌های تاریک
قدردان نصیحت آفتاب است
چه اگر خورشیدی بر جای مانده باشد.
بی‌چراغی که بر آیندگان روشن بماند
ظلمت این عصر
خود درخشش نوری‌ست در این زمان
که حسرت،
تنها علاج عبور از مدار ثانیه‌هاست.
«آخ اگر نور بر تاریکی بتازد»،
سرود بی‌دردان است
برای عشوه‌های زنی.
واژه را باید در خود به تیمار نشست
ارنه هر ولگردی سرود آزادی را از بر است.

۱۹

این سوی جاده،
من ایستاده‌ام
با کاسه‌ای آب و یک لبخند
بر جان‌های خسته و بی‌تاب،
خورشید نثار می‌کنم.

آن سو
جان‌هایِ بی‌خستگی،
خاطره حضور آن رهگذر غریبه را
مرور می‌کنند.

با لبخندی که تهی‌ست
پیمانه‌ای که خالی‌ست،
سراب جان‌های تازه را می‌بینم آنگاه
که دور می‌شوند.

۲۰

سگ را بنگر
چه بی‌پروا به آنسوی درّه پی نانی.
کوه را بنگر
چه صعب ایستاده خموش.
رود را بنگر
تمام قد به تکاپو
و لئیم را
چه زوزه از برای پشیزی
راه بر مردمان می‌بندد
حکم خدا را بازیچه کرده به دست.

۲۱

نام تو بوسه است
گل می‌کُند بر لبانم.
نام‌های کهنه را دکان‌های قدیمی
زنده نگه داشته‌اند.
نام قهرمانان را
خیابان‌ها.
نام تو را من.
نه وقتی که می‌سُرایمت
نه وقتی که با چشمان بسته
می‌بینمت

نه وقتی که ناگهان
در میان عبور مردم
بوی تو می‌آید.
تنها هنگامی که هزاران شکوفه
گل می‌دهد در بهار
انگار کسی پای خسته‌اش را
در حوض مهتابی
فرو کرده باشد.
انگار کسی در عمق شب،
هراسناک
کسی را بوسیده باشد.
نام تو را من
پنهان کرده‌ام شبی
زیر درختی
پشت بوسه‌ی پنهانی دو غریبه.

۲۲

دیروز
شبیه آن عکس‌ات بودی
خیره به پنجره‌های چوبی
با قطره اشکی فزون
که سربلندی مرا
بر رود جاری گذشته
سرازیر می‌کند.
این سرنوشت کدام انسان است
که از بلندای قله
پیمودن آغاز کند؟

هدیه‌ای ناگزیر
سوی من آورده بودی
تا شرافت اسلافم را
یادآور شوی.
چه باید کرد
هنگامی که خواب آشفته
با چای نیم‌روز
شیرین نمی‌شود.
می‌کِشیم پیکرهای‌مان را
با متاعی بر دوش
که در این بازار
خریدار ندارد.

۲۳

پشت چشمانت زنی‌ست
که هر روز
پیراهن کهنه مرا چنگ می‌زند.
پشت سرش پنجره‌ای‌ست
که از آنجا
به همه دنیا
برف می‌بارد.
من در میان برف‌ها
آمدنت را انتظار می‌کشم
با پیراهن کهنه‌ام بر تن.

۲۴

شب آمد
خسته بودم
روز آمد
خسته بودم
خواب دیدم تو آمدی
خستگی رفت

۲۵

از میان شیشه‌های رنگی
قدم‌هایت
نگاهت
وقتی نمی‌دانی که نگاهت می‌کنم،
جور دیگری می‌شوند.
اتاق پر از گرمای آفتاب پاییزی‌ست،
و صدای برگ‌های زرد بر شاخه‌ها
که از کاروان باد جا مانده‌اند،
خنده‌های بی‌امان تو را
تداعی می‌کنند.

سیمای حیاط،
شکل دوچرخه من
و شمعدان‌های لب پریده
همه مثل وقتی هستند که مادربزرگ هنوز زنده بود.
تنها این تویی
که نیستی.

۲۶

نمی‌دانم
وقتی که می‌رفتم،
کاسه‌ی آب را
در کدامین کوچه ریخته‌ای
که راه بازگشت را
پیدا نمی‌کنم.

۲۷

تو همیشه با منی.
هر جا که می‌روم
در میان آدم‌هایی که فقط می‌روند،
وقتی می‌آیند
برای همیشه رفته‌اند.
جای شکرش باقی‌ست،
تو را که در چشم منی
هیچ‌کس نمی‌بیند.

۲۸

سنگ مفت بود
گنجشک نه.
سایه موهبت آفتاب است
بر تراز روشن روز.
آب
از تشنگی گوزنی سرگردان
این‌گونه گواراست.
تاریخ ما
رنج مضاعف بود
بر شانه‌های انسانیت فزون.

شُعارها مفت بودند

جوانی ما نه.

۲۹

میان کوچه‌ها
حرف از سکوت پُر است،
نجواهای ریز هم گاهی.
چمدان نمی‌خواهم،
با خودت یک جفت قناری بیاور
بی قفس.

۳۰

ماه،
نیمه‌ی دیگرش را بیشتر دوست دارد
خاطرات،
روزهای رفته را.
تو را من
وقتی که یقین دارم
دیگر نمی‌آیی.

۳۱

با فرودش سرد و پاورچین
بر تن خشک خیابان دانه‌های خواب می‌کارد
در حریم کوچه امشب
برف تند آغاز ساعت‌هاست می‌بارد.
آن که بی‌هنگام می‌خواند
نغمه‌های بارها از یادها رفته
با صدای بی‌دلیل جاروی تیزش
پای لنگ‌اش آن هزاران لحظه را با قلب اندُهگین تنگ‌اش
می‌کند تکرار.
لحظه‌ها غم‌بار

زیر آن انبوهِ درهم‌بار
می‌نماید او هزاران شب نخوابیده‌است.
بر سرای مرده‌ی او
می‌شود دانست نوری سالیان بی‌شماری که نتابیدست.
مردمان تنها همین دانند
دخترش را او
با همین دستان لرزان بزرگش
خاک کردست.
لحظه‌ها غمبار
زیر آن انبوه درهم‌بار.

۳۲

شاخه‌های بالاتر
تاب خورشید مرداد را ندارند.
سایه‌ی عجول درخت،
تنها برای عبور ثانیه‌ها
خود را می‌آراید.
در آفتاب پاییزی
درخت
سخاوت سایه‌اش را
برای عابران می‌گستراند.

۳۳

غم
شکل نام توست
جاری بر زبانم.
از اینجا که تویی
تا آنجا که من نیستم
یک بهار فاصله است.
یک تابستان،
یک پاییز
یک زمستان.
چشم اگر بگشایم دوباره بر این جهان

زیر نخستین شکوفه
تو را خواهم بوسید.